Tato, Opowiedz Mi Swoją Historię

Dziennik z przewodnikiem po historii życia taty

"Każdy z nas ma swoją historię,

którą powinniśmy opowiedzieć.

Pamiętnik jest jak lustro –

pokazuje nam,

kim naprawdę jesteśmy."

Oscar Wilde

Ten dziennik

opowiada historię:

SPIS TREŚCI:

SPIS TREŚCI:

"Życie to nie problem do rozwiązania, ale rzeczywistość do doświadczania."
Søren Kierkegaard

Drogie Dziecko,

Trzymasz w rękach nie zwykłą książkę, lecz skarbnicę wspomnień, mądrości życiowej i miłości. To opowieść o życiu - moim życiu - spisana z myślą o Tobie, moje dziecko i o przyszłych pokoleniach naszej rodziny.

Każda strona tej książki jest wypełniona historiami, które kształtowały mnie jako człowieka, ojca i męża. To podróż przez moje dzieciństwo, młodość, dorosłość, aż po dzień dzisiejszy. Znajdziesz tu opowieści o moich sukcesach i porażkach, radościach i smutkach, marzeniach i rozczarowaniach. Każde z tych doświadczeń przyczyniło się do tego, kim jestem dzisiaj.

Pisząc tę książkę miałem jeden główny cel: przekazać Ci, moje dziecko, cząstkę siebie. Chcę abyś poznało mnie nie tylko jako rodzica, ale jako człowieka z własną historią, pasjami i wartościami. Mam nadzieję, że te strony pomogą Ci lepiej zrozumieć skąd pochodzisz i jakie dziedzictwo nosisz w sobie.

W tych rozdziałach znajdziesz nie tylko fakty z mojego życia, ale także refleksje, lekcje i rady, które chciałbym Ci przekazać. Niektóre z nich mogą wydawać Ci się oczywiste, inne zaskakujące, a jeszcze inne trudne do przyjęcia. Pamiętaj jednak, że każda z tych myśli wypływa z głębi mojego serca i z pragnienia, aby Twoje życie było jak najlepsze.

"Opowiadanie historii to najbardziej potężny sposób wprowadzenia idei w świat."
Robert McKee

Czytając tę książkę możesz się śmiać, wzruszać, a może nawet złościć. To wszystko jest w porządku. Życie jest pełne różnorodnych emocji i doświadczeń i chcę, abyś zobaczyło je w całej jego złożoności.

Mam nadzieję, że ta książka stanie się dla Ciebie czymś więcej niż tylko zbiorem wspomnień. Niech będzie mostem między naszymi pokoleniami, źródłem inspiracji w trudnych chwilach i przypomnieniem o wartościach, które są fundamentem naszej rodziny.

Pamiętaj, że niezależnie od tego, co przyniesie Ci życie, zawsze będę przy Tobie - jeśli nie fizycznie, to poprzez te strony i miłość, którą w nie wlałem.

Z bezgraniczną miłością,

Twój Tata

Genealogia

"Genealogia to podróż w czasie, która pomaga nam zrozumieć,

kim naprawdę jesteśmy."

Catherine McCullough

PODAJ SWOJE IMIĘ/IMIONA I NAZWISKO, JAKIE NOSIŁEŚ W DNIU URODZIN ORAZ DATĘ I MIEJSCE URODZENIA.

PODAJ IMIONA TWOICH RODZICÓW ORAZ DATY I MIEJSCA ICH URODZIN.

CZY MASZ RODZEŃSTWO? JEŚLI TAK, TO PODAJ ICH IMIONA I DATY URODZIN.

PODAJ IMIONA I NAZWISKA TWOICH DZIADKÓW ORAZ DATY ICH URODZIN. CZY WIESZ SKĄD POCHODZILI?

A MOŻE PAMIĘTASZ SWOICH PRADZIADKÓW? PODAJ ICH IMIONA I DATY URODZIN LUB JAKIEKOLWIEK INFORMACJE O NICH.

CZY JEST JAKAŚ HISTORIA ZWIĄZANA Z TWOJĄ RODZINĄ? OPOWIEDZ JĄ.

Poznajmy się

"Chcąc mieć przyszłość należy mieć przeszłość."
Cyprian Kamil Norwid

CZY LUBIŁEŚ SWOJE IMIĘ/IMIONA W DZIECIŃSTWIE? JEŻELI MIAŁEŚ WIĘCEJ IMION, TO KTÓRE LUBIŁEŚ BARDZIEJ, A KTÓREGO TERAZ UŻYWASZ?

KTO WYBRAŁ TWOJE IMIĘ? CZY DOSTAŁEŚ JE PO KREWNYM LUB KIMŚ INNYM?

ILE MIERZYŁEŚ I WAŻYŁEŚ W DNIU URODZIN?

ILE LAT MIELI TWOI RODZICE W DNIU TWOICH URODZIN?

JAKIE BYŁY TWOJE PIERWSZE SŁOWA?

CZY JEST JAKAŚ HISTORIA ZWIĄZANA Z TWOIMI URODZINAMI? OPOWIEDZ JĄ.

JAK RODZICE ZWRACALI SIĘ DO CIEBIE W DZIECIŃSTWIE?
CZY MIAŁEŚ JAKĄŚ KSYWKĘ, ZDROBNIENIE LUB PRZEZWISKO?

KTO SIĘ TOBĄ OPIEKOWAŁ WE WCZESNYM DZIECIŃSTWIE?
CZY TYLKO RODZICE, CZY MOŻE OPIEKUNKA LUB KTOŚ Z RODZINY?

Dzieciństwo i Młodość
Wspomnienia z dzieciństwa

"Wszyscy dorośli byli kiedyś dziećmi… ale niewielu z nich o tym pamięta."
Antoine de Saint-Exupéry

Wyruszmy w podróż przez mgły czasu, do złotych dni mojego dzieciństwa. Ten rozdział to gobelin utkany z żywych nici moich najwcześniejszych wspomnień, a każde z nich jest cennym klejnotem, który ukształtował osobę, którą jestem dzisiaj.

Zamknij oczy i wyobraź sobie ze mną miejsce, w którym postawiłem pierwsze kroki, dom w którym skrywały się moje najwcześniejsze marzenia. Czy czujesz zapach kuchni mojej mamy unoszący się w powietrzu? Czy słyszysz śmiech dzieci bawiących się na ulicach? Są to zmysłowe echa czasu, który dawno minął, a jednak na zawsze wyrył się w moim sercu.

Zapraszam Cię do przyłączenia się do mnie i opowiadania o grach, w które graliśmy, zabawkach, które pobudziły naszą wyobraźnię i prostych radościach, które czyniły każdy dzień przygodą. Dzięki tym historiom ujrzysz świat, który może wydawać się bardzo odległy od Twojego, a jednak położył podwaliny pod świat, w którym żyjesz.

Dzieciństwo i Młodość

Wspomnienia z dzieciństwa

JAK WYGLĄDAŁO MIEJSCE TWOJEGO DZIECIŃSTWA ORAZ DOM, W KTÓRYM DORASTAŁEŚ? CO BYŁO W NIM WYJĄTKOWEGO?

JAKIE JEST TWOJE NAJWCZEŚNIEJSZE WSPOMNIENIE Z DZIECIŃSTWA, KTÓRE MIAŁO DLA CIEBIE SZCZEGÓLNE ZNACZENIE?

JAKIE BYŁY TWOJE ULUBIONE ZABAWKI?
DLACZEGO WŁAŚNIE TE PRZEDMIOTY BYŁY DLA CIEBIE TAK WYJĄTKOWE?

Dzieciństwo i Młodość
Wspomnienia z dzieciństwa

JAKIE ZAPACHY, DŹWIĘKI LUB SMAKI NAJBARDZIEJ KOJARZĄ CI SIĘ Z CZASEM SPĘDZONYM W DOMU RODZINNYM?

JAKIE ZABAWY NAJBARDZIEJ LUBIŁEŚ Z RODZEŃSTWEM LUB PRZYJACIÓŁMI? CZY BYŁO COŚ, CO ROBILIŚCIE NAJCZĘŚCIEJ?

JAK WYGLĄDAŁ TWÓJ TYPOWY DZIEŃ W DZIECIŃSTWIE? CO NAJCZĘŚCIEJ ROBIŁEŚ OD RANA DO WIECZORA?

Dzieciństwo i Młodość
Najważniejsze wydarzenia z młodości

"Młodość to nie okres życia, to stan umysłu."
Mateo Alemán

Wchodząc głębiej w ten rozdział mojego życia, napotykamy burzliwy i radosny okres młodości. Tutaj, drogi czytelniku, znajdziesz historie moich pierwszych triumfów i porażek, momentów, które wystawiały na próbę mój zapał i kształtowały mój charakter.

Pamiętajcie, że to były czasy, kiedy każde doświadczenie było nowe, a każda emocja intensywna. Podzielę się z Wami dreszczykiem emocji związanym z moim pierwszym osiągnięciem, uczuciem pierwszego załamania serca i niezliczoną ilością chwil pomiędzy nimi, które ukształtowały moje rozumienie świata.

Przeczytasz o wyborach, których dokonałem – niektórych mądrych, innych mniej – i jak każda decyzja, każde rozwidlenie dróg przybliżało mnie do stania się osobą, którą znasz dzisiaj.

Dzieciństwo i Młodość
Najważniejsze wydarzenia z młodości

JAKIE WYDARZENIE Z MŁODOŚCI BYŁO DLA CIEBIE NAJBARDZIEJ PRZEŁOMOWE? CO TAKIEGO WTEDY SIĘ ZMIENIŁO?

CZY PAMIĘTASZ MOMENT, KTÓRY CAŁKOWICIE ZMIENIŁ TWÓJ SPOSÓB POSTRZEGANIA SIEBIE LUB ŚWIATA?

JAKĄ PODJĄŁEŚ PIERWSZĄ WAŻNĄ SAMODZIELNĄ DECYZJĘ W MŁODOŚCI? JAKIE BYŁY JEJ KONSEKWENCJE?

Dzieciństwo i Młodość
Najważniejsze wydarzenia z młodości

CZY JAKIEŚ RODZINNE UROCZYSTOŚCI Z OKRESU TWOJEJ MŁODOŚCI SZCZEGÓLNIE ZAPADŁY CI W PAMIĘĆ? DLACZEGO?

JAKIE WYDARZENIE HISTORYCZNE Z TWOJEJ MŁODOŚCI MIAŁO NA CIEBIE NAJWIĘKSZY WPŁYW? JAKIE BYŁY TWOJE EMOCJE?

KTÓRY MOMENT UWAŻASZ ZA KLUCZOWY W DORASTANIU? KIEDY POCZUŁEŚ, ŻE NAPRAWDĘ STAJESZ SIĘ DOROSŁY?

Dzieciństwo i Młodość
Rodzina i przyjaciele z tamtych lat

"Rodzina to nie ważna rzecz. To wszystko."
Michael J. Fox

Żadna opowieść o dzieciństwie i młodości nie byłaby kompletna bez bohaterów, którzy odegrali kluczowe role w tych pierwszych latach. W tej sekcji poznasz ludzi, którzy ubarwili mój świat – rodzinę, przyjaciół, a także tych, którzy stawiali przede mną wyzwania, dając mi cenne lekcje życia.

Przedstawię Ci rodziców, rodzeństwo i przyjaciół, którzy kształtowali moje życie, dzieląc ze mną przygody i wyzwania. Dzięki tym portretom zrozumiesz bogatą mozaikę relacji, które mnie otaczały i wpłynęły na to, kim się stałem.

Pamiętaj, że choć świat się zmienia, istota dzieciństwa – czas odkryć, rozwoju i zadziwienia – pozostaje wieczna. Niech te historie będą nie tylko oknem na moją przeszłość, ale i lustrem odzwierciedlającym uniwersalne doświadczenia, które nas wszystkich łączą.

Dzieciństwo i Młodość
Rodzina i przyjaciele z tamtych lat

JAK WYGLĄDAŁY TWOJE RELACJE Z RODZICAMI W MŁODOŚCI? JAK ZMIENIAŁY SIĘ NA PRZESTRZENI LAT?

JAKIE WSPOMNIENIA MASZ Z DZIADKAMI? CZEGO SIĘ OD NICH NAUCZYŁEŚ?

KIM BYLI TWOI NAJLEPSI PRZYJACIELE Z MŁODOŚCI? CO WAS NAJBARDZIEJ ŁĄCZYŁO?

Dzieciństwo i Młodość
Rodzina i przyjaciele z tamtych lat

CZY UTRZYMUJESZ KONTAKT Z KTÓRYMŚ Z PRZYJACIÓŁ Z DZIECIŃSTWA?
JAK ZMIENIŁY SIĘ WASZE RELACJE?

KTO BYŁ DLA CIEBIE AUTORYTETEM W MŁODOŚCI?
JAK WPŁYNĄŁ NA TWÓJ ROZWÓJ?

CZY PAMIĘTASZ SWOJE PIERWSZE ZAUROCZENIE?
JAKIE EMOCJE CI TOWARZYSZYŁY?

Szkoła i Edukacja
Wczesne lata szkolne

"Edukacja to najpotężniejsza broń, której możesz użyć, by zmienić świat."
Nelson Mandela

Przejdźmy teraz do rozdziału wypełnionego zapachem kredowego pyłu i szelestem stron podręczników. Tutaj zagłębiamy się w uświęcone sale mojej wczesnej edukacji, gdzie fundamenty wiedzy kładziono cegła po cegle, lekcja po lekcji.

Wyobraź sobie, jeśli chcesz, młodego chłopca z torbą przewieszoną przez ramię, wchodzącego po raz pierwszy do klasy. Czy czujesz mieszaninę niepokoju i podniecenia, która przepływała przez moje żyły? Pierwsze dni w szkole były kalejdoskopem nowych doświadczeń – surowymi, ale życzliwymi twarzami nauczycieli, kakofonią głosów na placu zabaw, triumfem opanowania alfabetu.

Na tych stronach znajdziesz opowieści o przyjaźniach zawiązanych przy wspólnych lunchach, o bitwach wygranych i przegranych na boisku oraz o małych zwycięstwach, które wówczas wydawały się monumentalne. Każda anegdota jest pociągnięciem pędzla na portrecie umysłu budzącego się do rozległego świata nauki.

Szkoła i Edukacja
Wczesne lata szkolne

JAK WSPOMINASZ SWÓJ PIERWSZY DZIEŃ W SZKOLE?
JAKIE EMOCJE NAJBARDZIEJ ZAPADŁY CI W PAMIĘĆ?

JAK WYGLĄDAŁA TWOJA PIERWSZA SZKOŁA?
CO JĄ SZCZEGÓLNIE WYRÓŻNIAŁO - WYGLĄD LUB ATMOSFERA?

JAK WYGLĄDAŁ TWÓJ TYPOWY DZIEŃ W SZKOLE?
CO NAJBARDZIEJ LUBIŁEŚ ROBIĆ NA PRZERWACH?

Szkoła i Edukacja
Wczesne lata szkolne

KTO BYŁ TWOIM PIERWSZYM SZKOLNYM PRZYJACIELEM?
JAK ZACZĘŁA SIĘ WASZA ZNAJOMOŚĆ?

CZY PAMIĘTASZ JAKIEŚ ZABAWNE LUB NIEZWYKŁE WYDARZENIE Z WCZESNYCH
LAT SZKOLNYCH?

KTÓRĄ WYCIECZKĘ SZKOLNĄ LUB LEKCJĘ WSPOMINASZ NAJLEPIEJ?
CO BYŁO W NIEJ WYJĄTKOWEGO?

Szkoła i Edukacja
Ulubione przedmioty i nauczyciele

"Dobry nauczyciel może zainspirować nadzieję, rozbudzić wyobraźnię i zaszczepić miłość do nauki."
Brad Henry

W miarę postępów w mojej akademickiej podróży odkryjesz przedmioty, które rozpalały moją duszę, oraz nauczycieli, którzy rozniecali ten płomień ciekawości. Czy urzekła mnie magia literatury, czy może precyzja matematyki? Być może był to cud nauki lub bogactwo historii?

Przedstawię Wam wychowawców, którzy pozostawili niezatarty ślad w moim życiu – tych nielicznych ludzi, którzy widzieli potencjał tam, gdzie inni widzieli tylko niespokojne dziecko. Dzięki swojej cierpliwości, mądrości i czasami surowym wskazówkom ci mentorzy ukształtowali nie tylko mój umysł, ale także mój charakter.

Szkoła i Edukacja
Ulubione przedmioty i nauczyciele

KTÓRE PRZEDMIOTY SZKOLNE SPRAWIAŁY CI NAJWIĘCEJ RADOŚCI?
CO TAKIEGO CIĘ W NICH FASCYNOWAŁO?

KTÓRY NAUCZYCIEL WYWARŁ NA TOBIE NAJWIĘKSZE WRAŻENIE?
JAK WPŁYNĄŁ NA TWOJE PODEJŚCIE DO NAUKI?

CZY PAMIĘTASZ LEKCJĘ LUB PROJEKT, KTÓRY SZCZEGÓLNIE ZAPADŁ CI W
PAMIĘĆ? CO GO WYRÓŻNIAŁO?

Szkoła i Edukacja
Ulubione przedmioty i nauczyciele

JAK TWOJE SZKOLNE ZAINTERESOWANIA WPŁYNĘŁY NA WYBORY ZWIĄZANE
Z DALSZĄ EDUKACJĄ LUB KARIERĄ?

JAKIE METODY NAUCZANIA UWAŻAŁEŚ ZA NAJBARDZIEJ SKUTECZNE?
CO SPRAWIAŁO, ŻE BYŁY TAK EFEKTYWNE?

CZY SĄ PRZEDMIOTY, NA KTÓRE DZIŚ ŻAŁUJESZ, ŻE NIE POŚWIĘCIŁEŚ WIĘCEJ
UWAGI W SZKOLE?

Szkoła i Edukacja
Wyzwania edukacyjne

"Dzieci muszą być uczone jak myśleć, a nie co myśleć."
Margaret Mead

Ale nie daj się zwieść drogi czytelniku, ta podróż nie była pozbawiona przeszkód. W tej części przeczytasz o trudnościach, z jakimi się zmagałem – o przedmiotach, które wydawały się nie do pokonania, o egzaminach, które sprawdzały nie tylko moją wiedzę, ale i determinację. Zobaczysz jak zmagałem się ze zwątpieniem, jak nauczyłem się wytrwać w obliczu trudności.

Wyzwania te, choć wówczas zniechęcające, były tyglem, w którym kształtowała się moja determinacja. Każda porażka, każda chwila zamętu ostatecznie przyczyniły się do mojego rozwoju i odporności.

Szkoła i Edukacja
Wyzwania edukacyjne

KTÓRE PRZEDMIOTY SPRAWIAŁY CI NAJWIĘCEJ TRUDNOŚCI?
JAK WPŁYWAŁY NA TWOJE PODEJŚCIE DO NAUKI?

JAKIE STRATEGIE STOSOWAŁEŚ, ABY PORADZIĆ SOBIE Z TRUDNYMI TEMATAMI?
CZY BYŁY SKUTECZNE?

JAK RADZIŁEŚ SOBIE Z PRESJĄ OCEN I EGZAMINÓW?
CZY PAMIĘTASZ SZCZEGÓLNIE STRESUJĄCY EGZAMIN?

Szkoła i Edukacja
Wyzwania edukacyjne

CZY ŁATWO BYŁO CI PROSIĆ O POMOC W NAUCE?
JAKIE EMOCJE TEMU TOWARZYSZYŁY?

JAKIE NAJWAŻNIEJSZE LEKCJE ŻYCIOWE WYNIOSŁEŚ Z TRUDNYCH
DOŚWIADCZEŃ SZKOLNYCH?

CZY TRUDNOŚCI W NAUCE WPŁYNĘŁY NA TWOJE PODEJŚCIE DO WYZWAŃ,
KTÓRE SPOTKAŁEŚ W DOROSŁYM ŻYCIU?

Szkoła i Edukacja
Studia i dalsza edukacja

"Inwestycja w wiedzę zawsze przynosi najlepsze zyski."
Benjamin Franklin

Gdy dotrzemy do ostatnich stron tego rozdziału, omówimy moją podróż do szkolnictwa wyższego. Tutaj świat nauki rozszerzył się wykładniczo, oferując nowe horyzonty i wyzwania. Niezależnie od tego, czy były to uświęcone sale uniwersyteckie, czy praktyczna nauka zawodu, ten okres oznaczał znaczącą zmianę w moim życiu.

Będziesz czytał o nocnych sesjach studyjnych, pełnych pasji debatach z rówieśnikami i chwilach, gdy abstrakcyjne koncepcje nagle skrystalizowały się w zrozumienie. To był czas nie tylko rozwoju akademickiego, ale także osobistych odkryć – okres, w którym zacząłem naprawdę rozumieć, kim jestem i czego chcę od życia.

Zamykając ten rozdział, zastanów się nad swoją własną podróżą edukacyjną. Jak Cię to ukształtowało? Jakie lekcje, poza akademickimi, wyniosłeś ze sobą?

Pamiętaj drogi czytelniku, że edukacja nie ogranicza się do klasy. Jest to pogoń trwająca całe życie, ciągłe odkrywanie tajemnic świata. Niech te historie zainspirują Cię do tego, abyś nigdy nie przestawał się uczyć, abyś zawsze był ciekawy otaczającego Cię świata.

Szkoła i Edukacja
Studia i dalsza edukacja

JAK PRZEBIEGAŁ PROCES WYBORU TWOJEGO KIERUNKU STUDIÓW LUB
ZAWODU? JAKIE CZYNNIKI NA TO WPŁYNĘŁY?

JAKIE BYŁY TWOJE PIERWSZE WRAŻENIA Z UCZELNI?
CO SZCZEGÓLNIE ZAPAMIĘTAŁEŚ Z PIERWSZYCH DNI?

KTÓRY PROJEKT STUDENCKI BYŁ DLA CIEBIE NAJWAŻNIEJSZY?
CO DZIĘKI NIEMU ZYSKAŁEŚ?

Szkoła i Edukacja
Studia i dalsza edukacja

W JAKI SPOSÓB STUDIA WPŁYNĘŁY NA TWÓJ ROZWÓJ ZAWODOWY I OSOBISTY?

**JAKIE PRZYJAŹNIE NAWIĄZAŁEŚ NA STUDIACH?
CZY KTÓRAŚ Z NICH PRZETRWAŁA DO DZIŚ?**

CZY STUDIA PRZYNIOSŁY CI TRUDNE MOMENTY? JAK SOBIE Z NIMI PORADZIŁEŚ?

Pierwsze Kroki w Dorosłość
Pierwsze prace

"Wybierz pracę, którą kochasz, a nie będziesz musiał pracować

ani jednego dnia w swoim życiu."

Konfucjusz

Kiedy przewracamy stronę do nowego rozdziału znajdujemy się u progu dorosłości, w świecie jednocześnie ekscytującym i zniechęcającym. Szkolny dzwonek zadzwonił po raz ostatni, a rytm życia nabrał teraz innego tempa – tempa świata pracy.

Wyobraź sobie, jeśli chcesz, młodego mężczyznę wchodzącego do swojego pierwszego miejsca pracy z bijącym sercem będącym mieszaniną oczekiwania i niepokoju. Wyrazistość nowej koszuli, ciężar odpowiedzialności spoczywający na nieprzyzwyczajonych do takich ciężarów ramionach – to były znaki rozpoznawcze mojego wejścia w sferę zawodową.

Na tych stronach znajdziesz opowieści o porannych alarmach, determinacji napędzanej kawą i dumie płynącej z zarobienia pierwszej wypłaty. Każda anegdota jest odskocznią na drodze do niezależności, każde doświadczenie stanowi element fundamentu mojego dorosłego życia.

Pierwsze Kroki w Dorosłość
Pierwsze prace

JAK ZDOBYŁEŚ SWOJĄ PIERWSZĄ PRACĘ? JAKIE BYŁY TWOJE PIERWSZE WRAŻENIA Z OBOWIĄZKÓW ZAWODOWYCH?

JAK SIĘ CZUŁEŚ, OTRZYMUJĄC SWOJĄ PIERWSZĄ WYPŁATĘ? NA CO PRZEZNACZYŁEŚ ZAROBIONE PIENIĄDZE?

Z JAKIMI WYZWANIAMI SPOTKAŁEŚ SIĘ W SWOJEJ PIERWSZEJ PRACY? CZY MIAŁEŚ MOMENT, KIEDY CHCIAŁEŚ ZREZYGNOWAĆ?

Pierwsze Kroki w Dorosłość
Pierwsze prace

JAKIE NAJWAŻNIEJSZE LEKCJE WYNIOSŁEŚ Z WCZESNYCH DOŚWIADCZEŃ ZAWODOWYCH? JAK WPŁYNĘŁY NA TWOJĄ PÓŹNIEJSZĄ KARIERĘ?

KTO WSPIERAŁ CIĘ NA POCZĄTKU KARIERY?
CZY MIAŁEŚ MENTORA, KTÓRY WPŁYNĄŁ NA TWÓJ ROZWÓJ ZAWODOWY?

JAKIE BYŁY TWOJE NAJWAŻNIEJSZE OBOWIĄZKI W PIERWSZEJ PRACY? JAKIE UMIEJĘTNOŚCI MUSIAŁEŚ SZYBKO OPANOWAĆ, BY SPROSTAĆ WYMAGANIOM?

Pierwsze Kroki w Dorosłość
Niezapomniane doświadczenia

"Życie albo jest śmiałą przygodą, albo niczym."
Helen Keller

Gdy zagłębimy się w ten rozdział odkryjesz niezliczone doświadczenia, które ukształtowały moją wczesną dorosłość. To był czas nowości – pierwszego mieszkania, pierwszego większego zakupu, pierwszego prawdziwego stania na własnych nogach.

Opowiem Ci o dreszczyku emocji związanym z nowo odkrytą wolnością, wyzwaniach związanych z równoważeniem budżetu i czasami pokornych lekcjach zdobytych metodą prób i błędów. Przeczytasz o przeżytych przygodach, podjętych ryzykach i poszerzanych horyzontach. To były czasy, kiedy świat wydawał się nieskończenie duży i pełen możliwości.

Od wycieczek z plecakiem, które otworzyły mi oczy na nowe kultury, po nocne rozmowy, które podważyły moją perspektywę, każde doświadczenie było pociągnięciem pędzla w ewoluującym portrecie osoby, którą się stawałem.

Pierwsze Kroki w Dorosłość
Niezapomniane doświadczenia

JAKIE EMOCJE TOWARZYSZYŁY CI PODCZAS PRZEPROWADZKI DO PIERWSZEGO SAMODZIELNEGO MIESZKANIA ORAZ OPUSZCZENIA DOMU RODZINNEGO?

OPOWIEDZ O NAJBARDZIEJ PAMIĘTNEJ PODRÓŻY, KTÓRĄ ODBYŁEŚ W TYM CZASIE. JAK WPŁYNĘŁA NA TWOJE POSTRZEGANIE ŚWIATA?

JAKIE NOWE HOBBY LUB ZAINTERESOWANIA ROZWINĄŁEŚ PO WYPROWADZCE? CO SKŁONIŁO CIĘ DO ICH PODJĘCIA?

Pierwsze Kroki w Dorosłość
Niezapomniane doświadczenia

JAKĄ NAJWAŻNIEJSZĄ DECYZJĘ ŻYCIOWĄ PODJĄŁEŚ W TYM OKRESIE?
JAKIE CZYNNIKI BRAŁEŚ POD UWAGĘ PRZY JEJ PODEJMOWANIU?

KTÓRY MOMENT UWAŻASZ ZA PRZEŁOMOWY W SWOIM WCHODZENIU
W DOROSŁOŚĆ? JAK ZMIENIŁ ON TWOJE POSTRZEGANIE SIEBIE?

JAKIE UMIEJĘTNOŚCI ŻYCIOWE ZDOBYŁEŚ W TYM CZASIE, KTÓRE POMOGŁY CI
RADZIĆ SOBIE Z NOWYMI WYZWANIAMI DOROSŁOŚCI?

Pierwsze Kroki w Dorosłość
Pierwsze sukcesy i porażki

"Jeśli sukces - to nie ostateczny, jeśli porażka - to nie śmiertelna:

liczy się odwaga, aby kontynuować."

Winston Churchill

Drogi czytelniku, droga do dorosłości nie zawsze była gładka. W tej części znajdziesz szczere relacje o moich sukcesach i porażkach. Przeczytasz o projektach, które wzniosły się wysoko i o tych, które upadły. O relacjach, które rozkwitły i o tych, które się skończyły.

Podzielę się z Tobą radością z mojego pierwszego wielkiego sukcesu i pewnością siebie, jaką mi przyniósł. Ale opowiem też o bólu porażki i lekcjach, jakie z niej wyniosłem. Te doświadczenia ukształtowały mój dorosły charakter, ucząc mnie wytrwałości i pokory.

Na koniec, zastanów się nad swoją własną drogą do dorosłości. Jak Twoje doświadczenia odzwierciedlają moje? Jakie wyzwania i triumfy ukształtowały Twoją ścieżkę?
Pamiętaj, że dorosłość to nie cel, lecz podróż. Każdy dzień przynosi nowe możliwości rozwoju. Niech te historie będą latarnią dla Twojej przyszłości rozświetlającą możliwości, które przed Tobą się otwierają.

Pierwsze Kroki w Dorosłość
Pierwsze sukcesy i porażki

JAKIE EMOCJE TOWARZYSZYŁY CI PODCZAS OSIĄGNIĘCIA PIERWSZEGO
ZNACZĄCEGO SUKCESU, ZARÓWNO ZAWODOWEGO, JAK I OSOBISTEGO?

JAKĄ NAJBARDZIEJ PAMIĘTNĄ PORAŻKĘ PRZEŻYŁEŚ W TYM OKRESIE?
W JAKI SPOSÓB WPŁYNĘŁA ONA NA TWOJĄ PEWNOŚĆ SIEBIE?

JAKIE STRATEGIE STOSOWAŁEŚ, ABY RADZIĆ SOBIE Z NIEPOWODZENIAMI?
KTÓRE Z NICH OKAZAŁY SIĘ NAJSKUTECZNIEJSZE?

Pierwsze Kroki w Dorosłość
Pierwsze sukcesy i porażki

JAKIE LEKCJE WYNIOSŁEŚ ZE SWOICH PIERWSZYCH SUKCESÓW I PORAŻEK?
W JAKI SPOSÓB ZMIENIŁY ONE TWOJE PODEJŚCIE DO ŻYCIA?

JAK WCZESNE SUKCESY WPŁYNĘŁY NA TWOJE DALSZE AMBICJE I CELE?
JAK PORAŻKI ZMIENIŁY TWOJE PODEJŚCIE DO PODEJMOWANIA RYZYKA?

CZY PAMIĘTASZ JAKIEŚ SZCZEGÓLNE DOŚWIADCZENIE, KTÓRE UZNAJESZ ZA
PUNKT ZWROTNY W SWOIM ŻYCIU? JAK WPŁYNĘŁO ONO NA TWÓJ ROZWÓJ?

Miłość i Związki
Jak poznałem Twoją Mamę

"Miłość nie polega na tym, aby wzajemnie sobie się przyglądać,

lecz aby patrzeć razem w tym samym kierunku."

Antoine de Saint-Exupéry

Rozpoczynamy teraz rozdział, który kryje w sobie jedne z najgłębszych chwil życia – historię miłości, która została odnaleziona, pielęgnowana i ceniona. Zagłębiając się w te strony przygotuj się na śledzenie opowieści o romansie, który zmienił bieg mojego życia.

Wyobraź sobie zwykły dzień, który za sprawą przypadkowego spotkania stał się czymś nadzwyczajnym. Świat jakby zwolnił, kolory stały się bardziej intensywne, a w tym momencie zobaczyłem ją – Twoją matkę. Czy to błysk w jej oku, melodia jej śmiechu, czy może gracja jej obecności jako pierwsze przykuły moją uwagę?

Na tych stronach znajdziesz historię naszego pierwszego spotkania, ekscytacji pierwszej randki oraz stopniowego uświadomienia sobie, że odnaleźliśmy coś rzadkiego i cennego. Każde wspomnienie to świadectwo siły miłości, która potrafi zmieniać i uszlachetniać nasze życie.

Miłość i Związki
Jak poznałem Twoją Mamę

W JAKICH DOKŁADNIE OKOLICZNOŚCIACH POZNAŁEŚ MAMĘ SWOICH DZIECI?
NA JAKIM ETAPIE TWOJEGO ŻYCIĄ TO SIĘ WYDAŻYŁO?

JAKIE BYŁO TWOJE PIERWSZE WRAŻENIE, GDY ZOBACZYŁEŚ SWOJĄ PRZYSZŁĄ
ŻONĘ? CO NAJBARDZIEJ ZWRÓCIŁO TWOJĄ UWAGĘ?

JAK WYGLĄDAŁA WASZA PIERWSZA RANDKA?
JAKIE EMOCJE TOWARZYSZYŁY CI W JEJ TRAKCIE?

Miłość i Związki
Jak poznałem Twoją Mamę

KIEDY POCZUŁEŚ, ŻE TO MOŻE BYĆ "TA JEDYNA"?
CO UTWIERDZIŁO CIĘ W TYM PRZEKONANIU?

JAKĄ NAJBARDZIEJ ZABAWNĄ SYTUACJĘ PAMIĘTASZ Z POCZĄTKÓW WASZEGO
ZWIĄZKU, KTÓRA WYWOŁAŁA UŚMIECH NA TWOJEJ TWARZY?

JAK ZAREAGOWAŁA RODZINA, GDY PRZEDSTAWIŁEŚ IM SWOJĄ PRZYSZŁĄ
ŻONĘ? JAKIE WYZWANIA NAPOTKALIŚCIE NA POCZĄTKU WASZEGO ZWIĄZKU?

Miłość i Związki
Ważne relacje i przyjaźnie

„Przyjaźń to jedyna cementująca siła, która może utrzymać świat razem."
Martin Luther King Jr.

W miarę jak będziemy zagłębiać się w ten rozdział odkryjesz, że miłość objawia się w wielu formach. Tutaj przedstawię Ci przyjaźnie, które wzbogaciły moje życie, więzi, które przetrwały burze i celebrowały radości razem ze mną.

Przeczytasz o przyjaciołach z dzieciństwa, którzy dorastali ze mną, o mentorach, którzy mnie prowadzili i o bratnich duszach odnalezionych w nieoczekiwanych miejscach. Te relacje, każda wyjątkowa i bezcenna, ukształtowały gobelin mojego świata społecznego, zapewniając wsparcie, śmiech i mądrość dzieloną przez lata.

Miłość i Związki
Ważne relacje i przyjaźnie

KTO JEST TWOIM NAJDŁUŻSZYM PRZYJACIELEM? CO SPRAWIŁO, ŻE TA PRZYJAŹŃ PRZETRWAŁA PRÓBĘ CZASU PRZEZ WSZYSTKIE TE LATA?

KTO MIAŁ NAJWIĘKSZY WPŁYW NA TWOJE PODEJŚCIE DO MIŁOŚCI? JAK TE OSOBY UKSZTAŁTOWAŁY TWOJE DECYZJE UCZUCIOWE?

JAK ZMIENIŁY SIĘ TWOJE RELACJE Z RODZICAMI W MIARĘ DORASTANIA? CZY BYŁ MOMENT PRZEŁOMOWY W RELACJACH Z RODZEŃSTWEM?

Miłość i związki
Ważne relacje i przyjaźnie

CZY MIAŁEŚ MENTORA W KWESTIACH ZWIĄZKÓW?
JAKIE NAJWAŻNIEJSZE LEKCJE WYNIOSŁEŚ OD TEJ OSOBY I JAK JE STOSUJESZ?

JAKIE KLUCZOWE LEKCJE WYNIOSŁEŚ O BUDOWANIU ZDROWYCH RELACJI?
W JAKIM MOMENCIE ZDAŁEŚ SOBIE SPRAWĘ Z ICH ZNACZENIA?

CZY PRZEŻYŁEŚ TRUDNE ROZSTANIE, KTÓRE NAUCZYŁO CIĘ CZEGOŚ WAŻNEGO
O RELACJACH? JAK WPŁYNĘŁO TO NA TWOJE PODEJŚCIE DO MIŁOŚCI?

Miłość i Związki
Lekcje miłości i związku

"Największym szczęściem w życiu jest przekonanie, że jesteśmy kochani."
Victor Hugo

Miłość we wszystkich swoich formach nie jest pozbawiona wyzwań. W tej sekcji podzielę się lekcjami wyniesionymi z różnych etapów związków – przezwyciężonych nieporozumień, kompromisów i wzajemnego rozwoju.

Opowiem o chwilach zwątpienia i triumfach zaufania, o codziennych gestach miłości, które budują trwałe więzi oraz o wielkich gestach, które potwierdzają nasze uczucia. Zobaczycie, jak miłość pielęgnowana cierpliwością, szacunkiem i zrozumieniem może stać się siłą podtrzymującą nas w obliczu życiowych wyzwań. To właśnie w momentach trudności odkrywamy, jak głębokie i trwałe mogą być nasze relacje.

Pamiętaj, że miłość to nie tylko uczucie, ale wybór, którego dokonujemy każdego dnia. Niech te historie zainspirują Cię do pielęgnowania relacji, dbania o bliskich i otwierania serca na moc prawdziwej więzi.

Miłość i Związki
Lekcje miłości i związku

JAKA JEST NAJCENNIEJSZA LEKCJA O MIŁOŚCI, KTÓRĄ WYNIOSŁEŚ ZE SWOICH ZWIĄZKÓW? JAK WPŁYNĘŁA ONA NA TWOJE RELACJE?

Z JAKIM NAJWIĘKSZYM WYZWANIEM MUSIAŁEŚ SIĘ ZMIERZYĆ W SWOICH ZWIĄZKACH? JAKIE STRATEGIE OKAZAŁY SIĘ NAJBARDZIEJ SKUTECZNE W RADZENIU SOBIE Z TRUDNOŚCIAMI?

JAK ZMIENIŁY SIĘ TWOJE OCZEKIWANIA WOBEC PARTNERA NA PRZESTRZENI LAT? CO NAJBARDZIEJ ZASKOCZYŁO CIĘ W TEJ EWOLUCJI?

Miłość i Związki
Lekcje miłości i związku

JAKI BYŁ NAJTRUDNIEJSZY MOMENT W TWOIM ZWIĄZKU? CZEGO NAUCZYŁEŚ SIĘ O SOBIE ORAZ SWOIM PARTNERZE PODCZAS TEGO KRYZYSU?

CO WEDŁUG CIEBIE JEST KLUCZEM DO UDANEGO I TRWAŁEGO ZWIĄZKU? JAKIE CECHY SĄ NIEZBĘDNE DLA ZDROWEJ RELACJI?

JAKIE METODY STOSUJESZ, ABY UTRZYMAĆ ŚWIEŻOŚĆ I PASJĘ W DŁUGOLETNIM ZWIĄZKU? CZY MASZ JAKIEŚ RYTUAŁY POMAGAJĄCE W BLISKOŚCI?

Rodzina
Narodziny dzieci

"Dzieci to kotwice, które trzymają matkę przy życiu."
Sofokles

Teraz przechodzimy do rozdziału, który oznacza najgłębszą transformację w moim życiu - podróż w ojcostwo. Gdy odkryjemy te strony, przygotuj się na świadectwo cudu nowego życia oraz na przekształcanie mojego świata wokół małych paluszków i stóp moich dzieci.

Wyobraź sobie jeśli chcesz moment, w którym pierwszy raz wziąłem Cię w ramiona. Świat zdawał się wstrzymać oddech, a w tej chwili poznałem miłość tak intensywną i wszechogarniającą, że zmieniła mnie na zawsze. Bezsenne noce, pierwsze uśmiechy, niepewne kroki - każdy kamień milowy wyryty nieodwracalnie w moim sercu.

Na tych stronach znajdziesz historię Twojego przyjścia na ten świat, przytłaczające emocje, które mnie ogarnęły oraz piękny chaos, który nastąpił, gdy wspólnie stawialiśmy czoła pierwszym dniom rodzicielstwa. Każda anegdota jest świadectwem radości, lęku i zdumienia, które towarzyszą wprowadzaniu nowego życia na świat.

Rodzina
Narodziny dzieci

JAKIE UCZUCIA TOWARZYSZYŁY CI, GDY DOWIEDZIAŁEŚ SIĘ, ŻE ZOSTANIESZ OJCEM? JAK ZMIENIAŁY SIĘ ONE W TRAKCIE CIĄŻY?

JAK WSPOMINASZ DZIEŃ, W KTÓRYM PO RAZ PIERWSZY ZOSTAŁEŚ TATĄ? CO CZUŁEŚ, TRZYMAJĄC SWOJE DZIECKO NA RĘKACH?

JAK ZMIENIŁO SIĘ TWOJE CODZIENNE ŻYCIE PO NARODZINACH DZIECI? KTÓRE ZMIANY BYŁY DLA CIEBIE NAJWIĘKSZYM WYZWANIEM?

Rodzina
Narodziny dzieci

JAKIE BYŁY NAJWIĘKSZE WYZWANIA W PIERWSZYCH DNIACH
Z NOWORODKIEM? CO SPRAWIAŁO CI NAJWIĘKSZĄ RADOŚĆ W TYM OKRESIE?

JAK PRZYGOTOWYWAŁEŚ SIĘ DO ROLI OJCA? JAKIE UMIEJĘTNOŚCI MUSIAŁEŚ
SZYBKO OPANOWAĆ, ABY SPROSTAĆ NOWYM WYZWANIOM?

JAK ZMIENIŁA SIĘ TWOJA RELACJA Z PARTNERKĄ PO NARODZINACH DZIECI?
CZY BYŁY MOMENTY, GDY CZUŁEŚ SIĘ PRZYTŁOCZONY NOWĄ
ODPOWIEDZIALNOŚCIĄ?

Rodzina
Wspólne chwile z rodziną

"Rodzina to nie ważna rzecz. To wszystko."
Michael J. Fox

W miarę jak zagłębiamy się w ten rozdział odkryjesz mozaikę chwil, które splotły naszą rodzinę. Opowiem o codziennej magii, która zamienia dom w miejsce, w którym żyjemy - wspólnych posiłkach, bajkach na dobranoc i spontanicznych imprezach tanecznych w salonie. Przeczytasz o rodzinnych wakacjach, podczas których tworzyliśmy wspomnienia, o cichych wieczorach wypełnionych śmiechem i miłością oraz o wyzwaniach, którym stawialiśmy czoła i które pokonywaliśmy razem. Te wspólne doświadczenia, zarówno wielkie, jak i codzienne, stały się fundamentem naszej rodzinnej więzi.

Rodzina
Wspólne chwile z rodziną

JAKIE BYŁY WASZE ULUBIONE RODZINNE AKTYWNOŚCI, GDY DZIECI BYŁY MAŁE?
KTÓRA Z NICH SPRAWIAŁA CI NAJWIĘCEJ RADOŚCI?

KTÓRA RODZINNA WYCIECZKA LUB WAKACJE NAJBARDZIEJ UTKWIŁY CI
W PAMIĘCI? CO SPRAWIŁO, ŻE BYŁY WYJĄTKOWE?

JAKIE CODZIENNE RYTUAŁY ZBLIŻAŁY WAS JAKO RODZINĘ?
KTÓRY Z NICH BYŁ DLA CIEBIE SZCZEGÓLNIE WAŻNY?

Rodzina
Wspólne chwile z rodziną

JAKI NAJBARDZIEJ ZABAWNY MOMENT Z ŻYCIA RODZINNEGO PAMIĘTASZ? CZY BYŁO TEŻ JAKIEŚ WZRUSZAJĄCE WYDARZENIE, KTÓRE ZAPADŁO CI W PAMIĘĆ?

JAKIE METODY STOSOWAŁEŚ, ABY BUDOWAĆ SILNE WIĘZI MIĘDZY CZŁONKAMI RODZINY? JAKIE WYZWANIA NAPOTKAŁEŚ W TYM PROCESIE?

JAK RADZIŁEŚ SOBIE Z KONFLIKTAMI LUB TRUDNYMI MOMENTAMI W RODZINIE? JAKIE METODY BYŁY DLA CIEBIE NAJSKUTECZNIEJSZE W ICH ROZWIĄZYWANIU?

Rodzina
Tradycje rodzinne

"Tradycja to nie czczenie popiołów, lecz przekazywanie ognia."
Gustav Mahler

W tej części przyjrzymy się tradycjom, które stały się pulsującym rytmem naszego rodzinnego życia. Od świątecznych zwyczajów przekazywanych przez pokolenia po nowe obyczaje, które wspólnie stworzyliśmy, te tradycje stanowią kotwice w nieustannie zmieniającym się morzu życia. Podzielę się z Tobą opowieściami o naszych rodzinnych tradycjach – o śmiechu, okazjonalnych wpadkach i głębokim poczuciu przynależności, które one pielęgnują. Dzięki tym opowieściom dostrzeżesz, jak wspólne praktyki pomogły ukształtować naszą tożsamość rodzinną oraz stworzyć poczucie ciągłości i więzi.

Rodzina
Tradycje rodzinne

JAKIE TRADYCJE RODZINNE ODZIEDZICZYŁEŚ PO RODZICACH?
DLACZEGO POSTANOWIŁEŚ JE KONTYNUOWAĆ W SWOJEJ RODZINIE?

JAKIE NOWE TRADYCJE STWORZYŁEŚ DLA SWOJEJ RODZINY?
CO CIĘ ZAINSPIROWAŁO DO ICH WPROWADZENIA?

JAKIE ZNACZENIE MAJĄ DLA CIEBIE RODZINNE TRADYCJE?
JAK WPŁYWAJĄ ONE NA ŻYCIE TWOJEJ RODZINY?

Rodzina
Tradycje rodzinne

JAK TRADYCJE POMAGAJĄ WAM BUDOWAĆ WIĘZI RODZINNE ORAZ
WZMACNIAĆ RELACJE MIĘDZY CZŁONKAMI RODZINY?

JAKIE UNIKALNE ZWYCZAJE MACIE W SWOJEJ RODZINIE PODCZAS
OBCHODZENIA ŚWIĄT LUB WAŻNYCH UROCZYSTOŚCI?

CZY SĄ TRADYCJE, KTÓRE PRÓBOWAŁEŚ WPROWADZIĆ, ALE SIĘ NIE PRZYJĘŁY?
DLACZEGO NIE UDAŁO SIĘ ICH UTRWALIĆ?

Rodzina
Wychowanie dzieci

"Dzieci bardziej potrzebują przykładów niż krytyków."
Joseph Joubert

Gdy zbliżamy się do końcowej części tego rozdziału, zagłębimy się w radości i wyzwania związane z wychowaniem dzieci. Oto szczere refleksje na temat sztuki rodzicielstwa – triumfy, wątpliwości, chwile czystej magii oraz lekcje, które przyswoiliśmy po drodze.

Opowiem o strategiach, które stosowaliśmy, błędach, które popełniliśmy oraz o rozwoju, który przeżyliśmy jako rodzice. Przeczytasz o wartościach, które staraliśmy się zaszczepić, o granicach, które ustaliliśmy i o bezwarunkowej miłości, która to wszystko łączyła.

Pamiętaj drogi czytelniku, że rodzina to nie tylko więzy krwi, lecz także więzi, które pielęgnujemy oraz miłość, którą dzielimy. To żywy, oddychający byt, który rośnie i ewoluuje z każdym dniem. Niech te opowieści przypomną Ci o sile i pięknie naszych rodzinnych więzi oraz zainspirują do pielęgnowania tych cennych połączeń przez całe życie.

Rodzina
Wychowanie dzieci

JAKIE NAJWAŻNIEJSZE WARTOŚCI STARAŁEŚ SIĘ PRZEKAZAĆ SWOIM DZIECIOM? DLACZEGO SĄ ONE DLA CIEBIE TAK ISTOTNE?

JAKIE NAJWIĘKSZE WYZWANIA NAPOTKAŁEŚ W ROLI OJCA? JAK ZMIENIAŁY SIĘ ONE WRAZ Z DORASTANIEM DZIECI?

JAKIE TECHNIKI STOSOWAŁEŚ, BY ROZWIĄZYWAĆ KONFLIKTY Z DZIEĆMI I DBAĆ O HARMONIĘ W RODZINIE?

Rodzina
Wychowanie dzieci

JAKIE NAJWAŻNIEJSZE LEKCJE WYNIOSŁEŚ Z BYCIA OJCEM?
JAK TE DOŚWIADCZENIA WPŁYNĘŁY NA TWOJE ŻYCIE?

JAK ZMIENIAŁO SIĘ TWOJE PODEJŚCIE DO WYCHOWANIA NA PRZESTRZENI LAT?
CO WPŁYNĘŁO NA TE ZMIANY?

CZY JEST COŚ, CO ZROBIŁBYŚ INACZEJ W WYCHOWANIU DZIECI, PATRZĄC NA
SWOJE DOŚWIADCZENIA Z PERSPEKTYWY CZASU?

Kariera i Praca
Moja ścieżka kariery

"Sukces to suma małych wysiłków, powtarzanych dzień po dniu."
Robert Collier

Teraz wyruszamy w podróż przez krajobraz mojego życia zawodowego – teren naznaczony ambicją, wyzwaniami i nieustannym dążeniem do rozwoju. Gdy otworzymy te strony, będziesz świadkiem ewolucji nie tylko kariery, lecz także powołania.

Wyobraź sobie młodego mężczyznę stojącego na rozdrożu możliwości, uzbrojonego w marzenia i determinację. Ścieżka przed nim nie zawsze była jasna, ale każdy krok, każda decyzja prowadziły mnie coraz bliżej odkrycia mojej prawdziwej tożsamości zawodowej.

Na tych stronach znajdziesz opowieść o moich pierwszych niepewnych krokach w świecie pracy, o kluczowych momentach, które ukształtowały moją zawodową trajektorię oraz o lekcjach wyniesionych z pieca życiowych prób. Każda anegdota to krok na drodze do odnalezienia nie tylko pracy, lecz także powołania, które współbrzmi z moimi najgłębszymi wartościami i aspiracjami.

Kariera i Praca
Moja ścieżka kariery

JAK ZDOBYŁEŚ SWOJĄ PIERWSZĄ PRACĘ? JAKIE EMOCJE TOWARZYSZYŁY CI PODCZAS PIERWSZYCH DNI PRACY?

JAKIE WYZWANIA I SUKCESY SZCZEGÓLNIE ZAPADŁY CI W PAMIĘĆ NA POCZĄTKU TWOJEJ KARIERY ZAWODOWEJ?

JAK ODKRYŁEŚ SWOJE ZAINTERESOWANIA ZAWODOWE? CZY KTOŚ LUB COŚ WPŁYNĘŁO NA TWOJE ZAWODOWE WYBORY?

Kariera i Praca
Moja ścieżka kariery

JAKIE KLUCZOWE DECYZJE PODJĄŁEŚ W SWOJEJ KARIERZE?
JAK WPŁYNĘŁY ONE NA TWOJĄ DALSZĄ ŚCIEŻKĘ ZAWODOWĄ?

CZY ZMIENIAŁEŚ PRACĘ LUB BRANŻĘ? JAKIE WYZWANIA WIĄZAŁY SIĘ Z TYMI
ZMIANAMI? CO SKŁONIŁO CIĘ DO PODJĘCIA RYZYKA?

JAK TWOJA KARIERA WPŁYNĘŁA NA ŻYCIE RODZINNE? JAK RADZIŁEŚ SOBIE
Z POGODZENIEM OBOWIĄZKÓW ZAWODOWYCH I OSOBISTYCH?

Kariera i Praca
Największe osiągnięcia zawodowe

"Wielkość nie polega na tym, by nigdy nie upaść, ale na tym,

by się podnieść za każdym razem, gdy upadniemy."

Oliver Goldsmith

W miarę jak zagłębiamy się w ten rozdział odkryjesz kamienie milowe, które wyznaczyły moją zawodową drogę. Opowiem o projektach, które stanowiły wyzwanie, o celach, które wydawały się nieosiągalne oraz o słodkim smaku sukcesu, gdy wytrwałość przyniosła owoce.

Przeczytasz o długich nocach napędzanych pasją, o współpracy, która wzbudzała innowacje oraz o chwilach, gdy odważyłem się przekroczyć własne ograniczenia. Te osiągnięcia, zarówno wielkie jak i małe, są nie tylko sukcesami do świętowania, ale także świadectwem mocy zaangażowania i radości z pracy pełnej sensu.

Kariera i Praca
Największe osiągnięcia zawodowe

JAKIE NAJWIĘKSZE ZAWODOWE OSIĄGNIĘCIE UZNAJESZ ZA KLUCZOWE W SWOJEJ KARIERZE? JAKIE PRZESZKODY MUSIAŁEŚ POKONAĆ, ABY JE ZDOBYĆ?

CZY MÓGŁBYŚ OPISAĆ PROJEKT, KTÓRY UWAŻASZ ZA WYJĄTKOWY? JAKIE CECHY POMOGŁY CI W JEGO REALIZACJI?

JAK TWOJE ZAWODOWE SUKCESY WPŁYNĘŁY NA TWOJĄ PEWNOŚĆ SIEBIE? JAKIE NOWE MOŻLIWOŚCI OTWORZYŁY PRZED TOBĄ?

Kariera i Praca
Największe osiągnięcia zawodowe

CZY ZDOBYŁEŚ JAKIEŚ NAGRODY ZAWODOWE? JAKIE ZNACZENIE MIAŁY DLA CIEBIE? CZY KTÓREŚ Z WYRÓŻNIEŃ BYŁO SZCZEGÓLNIE NIEOCZEKIWANE?

W JAKI SPOSÓB SUKCESY ZAWODOWE WPŁYNĘŁY NA TWOJE RELACJE Z RODZINĄ? JAK DZIECI REAGOWAŁY NA TWOJE OSIĄGNIĘCIA?

CZY JEST ZAWODOWY SUKCES, KTÓREGO NIE UDAŁO CI SIĘ ZREALIZOWAĆ? CZY ŻAŁUJESZ, ŻE NIE OSIĄGNĄŁEŚ TEGO CELU?

Kariera i Praca
Wyzwania i nauki z pracy

"Jedynym sposobem na wykonanie świetnej pracy jest kochanie tego, co się robi."
Steve Jobs

Ale nie daj się zwieść, drogi czytelniku, ścieżka do zawodowego spełnienia nie była pozbawiona przeszkód. W tej części podzielę się z Tobą wyzwaniami, które wystawiały na próbę moją determinację, porażkami, które zagrażały moim ambicjom oraz cennymi lekcjami, które wyniosłem z każdego doświadczenia.

Opowiem o chwilach, gdy wątpliwości wkradały się do mojej głowy, gdy ciężar odpowiedzialności wydawał się przytłaczający oraz o tym, jak znalazłem siłę, by przetrwać. Przez te opowieści zobaczysz, że każde stawianie czoła wyzwaniu było okazją do rozwoju, a każdy błąd stanowił kamień milowy na drodze do głębszego zrozumienia.

Kariera i Praca
Wyzwania i nauki z pracy

JAKIE NAJTRUDNIEJSZE WYZWANIE ZAWODOWE NAPOTKAŁEŚ NA SWOJEJ
DRODZE? JAK WPŁYNĘŁO ONO NA TWOJE PODEJŚCIE DO PRACY?

JAK RADZIŁEŚ SOBIE Z PORAŻKAMI ZAWODOWYMI?
JAKIE STRATEGIE POMOGŁY CI PODNIEŚĆ SIĘ PO NIEPOWODZENIACH?

JAKĄ NAJWAŻNIEJSZĄ LEKCJĘ WYNIOSŁEŚ ZE SWOJEJ KARIERY,
KTÓRA WPŁYNĘŁA NA TWOJE PODEJŚCIE DO PRACY I ŻYCIA?

Kariera i Praca
Wyzwania i nauki z pracy

CZY MIAŁEŚ MOMENTY, GDY ROZWAŻAŁEŚ ZMIANĘ KARIERY?
CO POWSTRZYMAŁO CIĘ PRZED TYM KROKIEM LUB CO CIĘ ZMOTYWOWAŁO?

JAKIE METODY STOSUJESZ, ABY RADZIĆ SOBIE ZE STRESEM W PRACY?
JAK UDAJE CI SIĘ ZACHOWAĆ RÓWNOWAGĘ MIĘDZY ŻYCIEM ZAWODOWYM
A OSOBISTYM?

CZY BYŁO WYZWANIE ZAWODOWE, KTÓRE POCZĄTKOWO WYDAWAŁO SIĘ
NIEMOŻLIWE DO POKONANIA, A JEDNAK JE PRZEZWYCIĘŻYŁEŚ?

Kariera i Praca
Równowaga między pracą a życiem prywatnym

"Nie chodzi o to, by mieć czas. Chodzi o to, by zrobić z niego użytek."
Charles Buxton

Gdy zbliżamy się do końcowej części tego rozdziału, przyjrzymy się jednemu z kluczowych aspektów kariery – delikatnej równowadze między ambicjami zawodowymi a życiem osobistym. Oto szczere refleksje na temat wyzwań związanych z łączeniem wymagań pracy z radościami i obowiązkami rodzinnymi oraz osobistymi marzeniami.

Podzielę się strategiami, które stosowałem, kompromisami, które zawierałem oraz wnioskami na temat tego, co naprawdę oznacza sukces. Przeczytasz o momentach, gdy równowaga wydawała się nieosiągalna oraz o tym, jak nauczyłem się nadawać priorytet nie tylko rozwojowi zawodowemu, ale także pełni życia.

Pamiętaj drogi czytelniku, że kariera to nie tylko sposób na zarabianie – to także szansa na wyrażenie talentów, wniesienie wartości do świata i odnalezienie spełnienia. Niech te opowieści zainspirują Cię do wytrwałego dążenia do celów, mierzenia się z wyzwaniami oraz znalezienia harmonii między pracą a życiem prywatnym.

Kariera i Praca
Równowaga między pracą a życiem prywatnym

JAKIE METODY STOSOWAŁEŚ, ABY ZACHOWAĆ RÓWNOWAGĘ MIĘDZY PRACĄ
A ŻYCIEM RODZINNYM, GDY TO BYŁO TRUDNE?

JAKIE STRATEGIE WYPRACOWAŁEŚ, ABY ZNALEŹĆ CZAS DLA RODZINY MIMO
NAPIĘTEGO GRAFIKU ZAWODOWEGO?

CZY PAMIĘTASZ SYTUACJĘ, GDY PRACA KOLIDOWAŁA Z WAŻNYM
WYDARZENIEM RODZINNYM? JAK PORADZIŁEŚ SOBIE Z TYM PROBLEMEM?

Kariera i Praca
Równowaga między pracą a życiem prywatnym

JAK ZMIENIAŁO SIĘ TWOJE PODEJŚCIE DO RÓWNOWAGI MIĘDZY PRACĄ
A ŻYCIEM OSOBISTYM NA PRZESTRZENI LAT?

JAKIE NAJWAŻNIEJSZE RADY DAŁBYŚ SWOIM DZIECIOM ODNOŚNIE
ZACHOWANIA RÓWNOWAGI MIĘDZY PRACĄ A ŻYCIEM PRYWATNYM?

CZY BYŁY MOMENTY, GDY ŻAŁOWAŁEŚ WYBORÓW DOTYCZĄCYCH RÓWNOWAGI
MIĘDZY OBOWIĄZKAMI ZAWODOWYMI A RODZINNYMI? CZEGO CIĘ TO
NAUCZYŁO?

Pasje i Hobby
Moje zainteresowania

"Pasja jest energią.
Czuj moc, która pochodzi z koncentracji na tym, co cię ekscytuje."
Oprah Winfrey

Przechodzimy do rozdziału, który oświetla barwną mozaikę moich osobistych zainteresowań – pasji i hobby, które wzbogaciły moje życie poza sferą pracy i rodziny. Gdy zagłębimy się w te strony przygotuj się na odkrycie dążeń, które rozpaliły moją duszę i przyniosły radość moim dniom.

Wyobraź sobie ogród różnorodnych kwiatów, z których każdy reprezentuje inny aspekt mojej ciekawości i entuzjazmu. Niektóre z tych kwiatów były pielęgnowane od dzieciństwa, ich korzenie są głębokie i mocne. Inne to nowi przybysze, eksplodujący radością świeżego odkrycia.

Na tych stronach znajdziesz opowieść o tym, jak odkryłem każde z tych zainteresowań, iskry, które zapaliły każdą pasję i radość, która podtrzymuje te płomienie. Od ekscytacji związanej z opanowaniem nowej umiejętności po spokój płynący z rytuałów, każda anegdota jest dowodem na bogactwo, jakie hobby wnoszą do życia.

Pasje i Hobby

Moje zainteresowania

JAKIE SĄ TWOJE NAJWAŻNIEJSZE ZAINTERESOWANIA? CO SPRAWIA, ŻE SĄ DLA CIEBIE TAK WAŻNE?

JAK ZMIENIAŁY SIĘ TWOJE HOBBY NA PRZESTRZENI LAT? CZY MUSIAŁEŚ ZREZYGNOWAĆ Z NIEKTÓRYCH Z NICH?

KTÓRE Z TWOICH PASJI TOWARZYSZĄ CI OD DZIECIŃSTWA? JAK SIĘ ONE ROZWIJAŁY Z BIEGIEM LAT?

Pasje i Hobby
Moje zainteresowania

JAKIE NOWE ZAINTERESOWANIA ODKRYŁEŚ W DOROSŁYM ŻYCIU?
CO CIĘ W NICH ZAINSPIROWAŁO?

CZY MASZ JAKIEŚ NIETYPOWE HOBBY?
JAK ZAREAGOWALI NA NIE TWOI BLISCY, GDY SIĘ O NICH DOWIEDZIELI?

JAKIE KORZYŚCI CZERPIESZ ZE SWOICH ZAINTERESOWAŃ?
CZY POMOGŁY CI ONE W TRUDNYCH CHWILACH?

Pasje i Hobby
Jak rozwijałem swoje pasje

„Sukces nie jest kluczem do szczęścia. Szczęście jest kluczem do sukcesu. Jeśli kochasz to, co robisz, odniesiesz sukces."
Albert Schweitzer

W miarę jak podróżujemy dalej w tym rozdziale, będziesz świadkiem ewolucji moich pasji. Opowiem o krokach, które podjąłem, aby pielęgnować te zainteresowania, o wyzwaniach, którym stawiłem czoła i nagrodach, które zbierałem po drodze.

Przeczytasz o porannych praktykach, o późnych nocach spędzonych na poszukiwaniu wiedzy, o mentorach, którzy mnie prowadzili oraz o społecznościach, które znalazłem wśród podobnie myślących entuzjastów. Te opowieści odkrywają nie tylko rozwój umiejętności, ale także wzrost charakteru, cierpliwości i wytrwałości, które wynikają z dążenia do własnych pasji.

Pasje i Hobby
Jak rozwijałem swoje pasje

JAK I KIEDY ODKRYŁEŚ SWOJE GŁÓWNE PASJE?
CO BYŁO IMPULSEM DO ICH POZNANIA?

JAKIE KROKI PODEJMOWAŁEŚ, ABY ROZWIJAĆ UMIEJĘTNOŚCI ZWIĄZANE
Z PASJAMI? CZY MIAŁEŚ PLAN ICH ROZWOJU?

CZY UCZESTNICZYŁEŚ W KURSACH ZWIĄZANYCH Z HOBBY?
JAK TE DOŚWIADCZENIA WPŁYNĘŁY NA TWOJE UMIEJĘTNOŚCI?

Pasje i Hobby
Jak rozwijałem swoje pasje

JAKIE WYZWANIA NAPOTKAŁEŚ W ROZWIJANIU SWOICH PASJI?
JAK SOBIE Z NIMI RADZIŁEŚ, GDY BYŁO TRUDNO?

CZY BYŁA OSOBA, KTÓRA ZAINSPIROWAŁA CIĘ DO ROZWIJANIA
ZAINTERESOWAŃ? JAK WPŁYNĘŁA NA TWOJĄ PASJĘ?

JAK ŁĄCZYŁEŚ ROZWIJANIE PASJI Z PRACĄ I ŻYCIEM RODZINNYM?
CZY HOBBY STAŁO SIĘ ŹRÓDŁEM DODATKOWEGO DOCHODU?

Pasje i Hobby
Wpływ hobby na moje życie

"Czas spędzony na realizowaniu pasji nigdy nie jest czasem straconym."
Robert Holden

W tej ostatniej części zbadamy, jak hobby i pasje wpłynęły na moje życie – kształtując mój światopogląd, relacje i dając ukojenie w trudnych chwilach. Podzielę się nieoczekiwanymi sposobami, w jakie wzbogaciły moje życie – przyjaźniami, nowymi perspektywami oraz momentami czystej radości.

Zobaczysz, jak te zainteresowania stanowiły przeciwwagę dla codziennych wyzwań, oferując schronienie, odnowę i poczucie spełnienia. Jakie działania rozpalają w Tobie ogień? Jakie dążenia przynoszą Ci radość i spokój?

Pamiętaj drogi czytelniku, że pasje to nie tylko rozrywka, ale kluczowy element dobrze przeżywanego życia. Niech te opowieści zainspirują Cię do odkrywania własnych zainteresowań, poświęcania im czasu i doceniania ich mocy w ubogacaniu Twojego świata.

Pasje i Hobby
Wpływ hobby na moje życie

JAK TWOJE HOBBY WPŁYWAJĄ NA TWOJE SAMOPOCZUCIE?
CZY POMOGŁY CI W TRUDNYCH MOMENTACH ŻYCIA?

CZY TWOJE PASJE MIAŁY WPŁYW NA WYBORY ZAWODOWE?
JAK WYKORZYSTUJESZ UMIEJĘTNOŚCI ZDOBYTE DZIĘKI HOBBY W SWOJEJ
KARIERZE?

JAK TWOJE ZAINTERESOWANIA WPŁYWAJĄ NA RELACJE Z RODZINĄ?
CZY DZIELISZ PASJE Z BLISKIMI? CZY WZMACNIA TO WASZE WIĘZI?

Pasje i Hobby
Wpływ hobby na moje życie

CZY TWOJE HOBBY POMOGŁO CI POZNAĆ NOWYCH LUDZI LUB PRZEŻYĆ WYJĄTKOWE DOŚWIADCZENIA, KTÓRE ZMIENIŁY TWOJE ŻYCIE?

JAK RADZISZ SOBIE Z PRESJĄ OBOWIĄZKÓW, ABY ZNALEŹĆ CZAS NA SWOJE PASJE? JAKIE STRATEGIE STOSUJESZ, BY TO OSIĄGNĄĆ?

JAKIE UMIEJĘTNOŚCI ŻYCIOWE ROZWINĄŁEŚ DZIĘKI SWOIM PASJOM? JAK WPŁYWAJĄ ONE NA TWOJĄ CODZIENNĄ PRACĘ ORAZ ŻYCIE OSOBISTE?

Życiowe Lekcje i Wartości
Najważniejsze lekcje życiowe

"W końcu nie liczy się liczba oddechów, które wykonaliśmy, ale momenty, które zaparły nam dech w piersiach."
Maya Angelou

Teraz wyruszamy w podróż przez najgłębszy i najbardziej transformujący rozdział mojej historii życia – destylowaną mądrość, którą zdobyłem przez lata triumfów i trudności, radości i smutków. Gdy rozwiniemy te strony przygotuj się, by zagłębić się w istotę tego, czego nauczyłem się o życiu, miłości i ludzkim doświadczeniu.

Wyobraź sobie, jeśli chcesz, gobelin utkany z nici doświadczenia, z których każda jest lekcją, a każdy kolor to niuans zrozumienia. Niektóre nici lśnią radością odkryć, inne są ciemniejsze, niosąc ciężar trudnej do zdobycia wiedzy.

Na tych stronach znajdziesz opowieść o tym, jak zrozumiałem prawdziwą wartość integralności, moc wytrwałości i znacze-nie życzliwości. Każda anegdota jest latarnią oświetlającą drogę, którą przeszedłem i oferującą wskazówki do Twojej własnej podróży.

Życiowe Lekcje i Wartości
Najważniejsze lekcje życiowe

JAKIE WYDARZENIE W TWOIM ŻYCIU OKAZAŁO SIĘ NAJBARDZIEJ POUCZAJĄCE? CZEGO SIĘ WTEDY NAUCZYŁEŚ I JAK TO ZMIENIŁO TWOJE SPOJRZENIE NA ŻYCIE?

JAKI BŁĄD OKAZAŁ SIĘ DLA CIEBIE NAJCENNIEJSZĄ LEKCJĄ? CZY ZMIENIŁO TO TWOJE PODEJŚCIE DO POPEŁNIANIA BŁĘDÓW?

CZY SPOTKAŁEŚ KOGOŚ, KTO NIEOCZEKIWANIE STAŁ SIĘ DLA CIEBIE ŹRÓDŁEM MĄDROŚCI? JAKIE TO MIAŁO ZNACZENIE W TWOIM ŻYCIU?

Życiowe Lekcje i Wartości
Najważniejsze lekcje życiowe

JAKĄ RADĘ OTRZYMAŁEŚ OD KOGOŚ, KTÓRA MIAŁA NAJWIĘKSZY WPŁYW NA
TWOJE ŻYCIE? JAK JĄ ZASTOSOWAŁEŚ W PRAKTYCE?

JAK ZMIENIŁO SIĘ TWOJE PODEJŚCIE DO ŻYCIA OD CZASÓW MŁODOŚCI?
CZY JAKIEŚ WARTOŚCI ZYSKAŁY NA ZNACZENIU WRAZ Z UPŁYWEM LAT?

CZY JEST COŚ, CO KIEDYŚ WYDAWAŁO CI SIĘ NIEZWYKLE WAŻNE,
A TERAZ POSTRZEGASZ TO JAKO MNIEJ ISTOTNE?
JAK ZMIENIŁA SIĘ TWOJA PERSPEKTYWA?

Życiowe Lekcje i Wartości
Wartości, które cenię

"Twoje przekonania stają się twoimi myślami.
Twoje myśli stają się twoimi słowami.
Twoje słowa stają się twoimi czynami.
Twoje czyny stają się twoimi nawykami.
Twoje nawyki stają się twoimi wartościami.
Twoje wartości stają się twoim przeznaczeniem."
Mahatma Gandhi

W miarę jak zagłębiamy się w ten rozdział odkryjesz podstawowe wartości, które stały się kompasem mojego życia. Opowiem jak te zasady zostały uformowane w piecu doświadczeń, wystawione na próbę przez przeciwności losu i wzmocnione refleksją.

Przeczytasz o momentach, gdy te wartości były poddane wyzwaniom, o czasach, gdy pozostanie im wiernym wymagało odwagi i poświęcenia. Te opowieści ukazują nie tylko to, w co wierzę, ale także dlaczego w to wierzę i jak te przekonania ukształtowały moje decyzje i działania w całym życiu.

Życiowe Lekcje i Wartości
Wartości, które cenię

JAKIE WARTOŚCI UWAŻASZ ZA NAJWAŻNIEJSZE W SWOIM ŻYCIU?
CZY JEDNA Z NICH JEST SZCZEGÓLNIE ISTOTNA I DLACZEGO WŁAŚNIE ONA?

SKĄD CZERPAŁEŚ SWOJE NAJWAŻNIEJSZE WARTOŚCI?
CZY BYŁA OSOBA, KTÓRA MIAŁA SZCZEGÓLNY WPŁYW NA ICH KSZTAŁTOWANIE?

JAK TWOJE WARTOŚCI WPŁYWAJĄ NA CODZIENNE DECYZJE? CZY MOŻESZ
PODAĆ PRZYKŁAD SYTUACJI, GDY POMOGŁY CI PODJĄĆ TRUDNĄ DECYZJĘ?

Życiowe Lekcje i Wartości
Wartości, które cenię

CZY BYŁ MOMENT, W KTÓRYM TWOJE WARTOŚCI ZOSTAŁY WYSTAWIONE NA PRÓBĘ? JAK PORADZIŁEŚ SOBIE Z TAKIM WYZWANIEM?

JAK STARASZ SIĘ PRZEKAZYWAĆ SWOJE WARTOŚCI DZIECIOM? CZY JEST KONKRETNA WARTOŚĆ, KTÓRĄ SZCZEGÓLNIE PRAGNIESZ, ABY PRZEJĘŁY?

CZY TWOJE WARTOŚCI ZMIENIAŁY SIĘ NA PRZESTRZENI LAT? JAKIE DOŚWIADCZENIA ŻYCIOWE MIAŁY NA TO NAJWIĘKSZY WPŁYW?

Życiowe Lekcje i Wartości
Rady dla przyszłych pokoleń

"Najlepszym czasem na zasadzenie drzewa było 20 lat temu.
Drugim najlepszym czasem jest teraz."
Chińskie przysłowie

W tej ostatniej części spojrzymy w przyszłość. Podzielę się radami, które chciałbym przekazać Tobie i przyszłym pokoleniom – esencją tego, czego nauczyłem się o życiu pełnym sensu i spełnienia.

Opowiem o odporności w obliczu przeciwności, wartości ciągłego rozwoju oraz mocy współczucia i empatii. Przeczytasz o równowadze między ambicją a zadowoleniem, znaczeniu pielęgnowania relacji i radości płynącej z dawania innym.

Pamiętaj drogi czytelniku, że życie to nieustanna podróż nauki i rozwoju. Lekcje, które udzielam, to nie sztywne zasady, lecz drogowskazy pomagające odnaleźć własną ścieżkę. Niech te opowieści zainspirują Cię do refleksji nad własnymi doświadczeniami, wierności swoim wartościom i podchodzenia do życia z otwartym sercem oraz ciekawością.

Życiowe Lekcje i Wartości
Rady dla przyszłych pokoleń

JAKIE NAJWAŻNIEJSZE ŻYCIOWE PRAWDY CHCIAŁBYŚ PRZEKAZAĆ PRZYSZŁYM POKOLENIOM? KTÓRA Z TYCH PRAWD BYŁA DLA CIEBIE NAJTRUDNIEJSZA DO ZAAKCEPTOWANIA?

JAKIEJ WIEDZY NAJBARDZIEJ CI BRAKOWAŁO, GDY BYŁEŚ MŁODSZY? JAK ZDOBYCIE TEJ WIEDZY MOGŁOBY ZMIENIĆ TWOJE DECYZJE ŻYCIOWE?

JAKIE NAWYKI I POSTAWY ŻYCIOWE UWAŻASZ ZA NAJWAŻNIEJSZE W PROWA-DZENIU SZCZĘŚLIWEGO ŻYCIA? JAK JE ROZWIJAŁEŚ NA PRZESTRZENI LAT?

Życiowe Lekcje i Wartości
Rady dla przyszłych pokoleń

JAKIE STRATEGIE UWAŻASZ ZA NAJSKUTECZNIEJSZE W RADZENIU SOBIE Z WYZWANIAMI? JAK NAUCZYŁEŚ SIĘ ZACHOWYWAĆ SPOKÓJ I OPTYMIZM W TRUDNYCH SYTUACJACH?

CO TWOIM ZDANIEM JEST KLUCZEM DO SZCZĘŚLIWEGO ŻYCIA RODZINNEGO? JAK OSIĄGASZ RÓWNOWAGĘ MIĘDZY PRACĄ ZAWODOWĄ A RODZINĄ?

JAKIE ZNACZENIE MA DLA CIEBIE CIĄGŁY ROZWÓJ OSOBISTY? JAKIE METODY STOSUJESZ, ABY STALE SIĘ ROZWIJAĆ I UCZYĆ NOWYCH RZECZY?

Przyszłość i Marzenia
Moje marzenia na przyszłość

„Przyszłość należy do tych, którzy wierzą w piękno swoich marzeń."
Eleanor Roosevelt

Gdy przechodzimy do tego ostatniego rozdziału stoimy nie na końcu, lecz na progu nowego początku. Tutaj spoglądamy na horyzont możliwości, gdzie mądrość przeszłości spotyka obietnicę jutra. Na tych stronach znajdziesz nie tylko moje nadzieje i aspiracje, ale także zaproszenie, by marzyć razem ze mną.

Wyobraź sobie, jeśli chcesz, płótno rozciągnięte przed nami, czekające na pociągnięcia naszej wyobraźni. Niektóre obszary są już naszkicowane zarysami planów i celów, podczas gdy inne pozostają chwalebnie puste, gotowe na niespodziewane radości i możliwości, jakie życie może przynieść.

Na tych stronach odkryjesz marzenia, które wciąż rozpalają ogień w moim sercu, ambicje, które nieustannie pchają mnie do przodu. Od osobistego rozwoju po rodzinne aspiracje, od celów zawodowych po wkład, jaki mam nadzieję wnieść w świat – każde marzenie jest świadectwem trwałej mocy nadziei i zdolności ludzkiego ducha do odnowy.

Przyszłość i Marzenia
Moje marzenia na przyszłość

JAKIE SĄ TWOJE TRZY NAJWIĘKSZE MARZENIA NA NAJBLIŻSZE LATA?
CO SPRAWIA, ŻE SĄ ONE DLA CIEBIE TAK WAŻNE?

JAK PLANUJESZ REALIZOWAĆ TE MARZENIA W NAJBLIŻSZYM CZASIE?
JAKIE KROKI ZAMIERZASZ PODJĄĆ?

CZY MASZ NIESPEŁNIONE AMBICJE Z MŁODOŚCI, KTÓRE WCIĄŻ CHCIAŁBYŚ
ZREALIZOWAĆ? CO CIĘ POWSTRZYMAŁO DOTYCHCZAS?

Przyszłość i Marzenia
Moje marzenia na przyszłość

JAK WYOBRAŻASZ SOBIE SWOJE ŻYCIE NA EMERYTURZE?
JAKIE AKTYWNOŚCI CHCIAŁBYŚ WTEDY PODJĄĆ?

JAKIE TRZY MIEJSCA NA ŚWIECIE CHCIAŁBYŚ ODWIEDZIĆ I DLACZEGO?
CO CIĘ TAM SZCZEGÓLNIE FASCYNUJE?

JAKIE NOWE UMIEJĘTNOŚCI CHCIAŁBYŚ ZDOBYĆ W PRZYSZŁOŚCI?
DLACZEGO SĄ ONE DLA CIEBIE TAK ISTOTNE?

Przyszłość i Marzenia
Cele i plany

„Cel bez planu to tylko życzenie."
Antoine de Saint-Exupéry

W miarę zagłębiania się w ten rozdział zobaczysz, jak marzenia przekształcają się w konkretne cele i wykonalne plany. Oto mapa drogowa, którą narysowałem na nadchodzącą podróż, kamienie milowe, które zamierzam osiągnąć oraz strategie, które opracowałem, aby pokonać potencjalne przeszkody.

Przeczytasz o krokach, które podejmuję aby zapewnić sobie pełną i satysfakcjonującą przyszłość, o dziedzictwie, które chcę zbudować oraz o sposobach dzięki którym planuję nadal rozwijać się i uczyć. To nie są tylko bezcelowe fantazje, lecz aspiracje osadzone w determinacji i zobowiązaniu do nieustannego doskonalenia siebie.

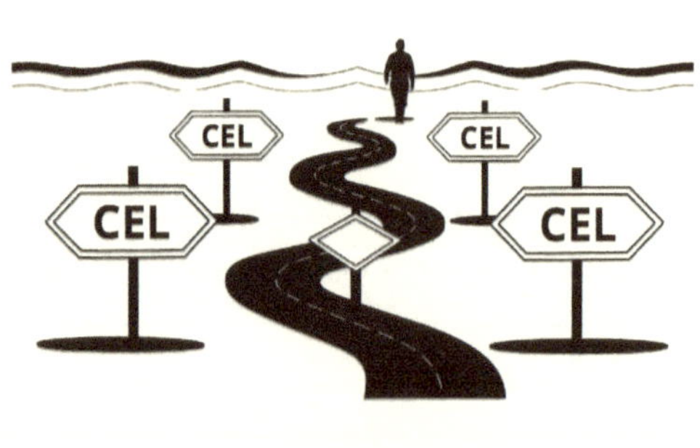

Przyszłość i Marzenia
Cele i plany

JAKIE SĄ TWOJE NAJWAŻNIEJSZE CELE NA NAJBLIŻSZY ROK?
CO SPRAWIA, ŻE TE CELE SĄ DLA CIEBIE PRIORYTETEM?

JAKIE MASZ DŁUGOTERMINOWE CELE NA NAJBLIŻSZE 5-10 LAT?
JAKIE KROKI ZAMIERZASZ PODJĄĆ, ABY JE ZREALIZOWAĆ?

JAKIE PLANY ZAWODOWE MASZ NA NAJBLIŻSZE LATA?
CZY PLANUJESZ JAKIEŚ ZMIANY W KARIERZE LUB NOWE WYZWANIA?

Przyszłość i Marzenia
Cele i plany

JAKIE DZIAŁANIA PODEJMIESZ, ABY ZADBAĆ O SWOJE ZDROWIE FIZYCZNE I PSYCHICZNE W PRZYSZŁOŚCI?

CZY MASZ OSOBISTE PROJEKTY LUB INICJATYWY, KTÓRE PLANUJESZ ROZPOCZĄĆ? CO CIĘ MOTYWUJE DO ICH REALIZACJI?

JAKIE PRZESZKODY PRZEWIDUJESZ NA DRODZE DO REALIZACJI SWOICH CELÓW? JAK ZAMIERZASZ SOBIE Z NIMI RADZIĆ?

Przyszłość i Marzenia
Wiadomość do moich dzieci

"Dzieci to żywe wiadomości, które wysyłamy czasom, których nie zobaczymy."
Neil Postman

W tej części mówię do Was, moje ukochane dzieci oraz do przyszłych pokoleń. Oto moje najgłębsze nadzieje na Waszą przyszłość, mądrość, którą pragnę przekazać oraz wartości, które będą Was prowadzić przez życie.

Pragnę abyście znaleźli własne szczęście i sukces, ale nie takie, jakie ja definiuję. Wierzę w Wasze zdolności, czuję dumę z tego, kim się stajecie oraz zawsze będę Was wspierać miłością.

Gdy zamykamy tę książkę zatrzymajcie się, by wyobrazić sobie swoją przyszłość. Jakie marzenia poruszają Wasze dusze? Pamiętajcie, że przyszłość to rzeczywistość, którą tworzymy każdym wyborem. Niech te słowa zainspirują Was do śmiałego marzenia i pełnego życia.

Historia zawarta na tych stronach to wstęp do opowieści, którą napiszecie swoim życiem, niosąc ze sobą moją miłość i nadzieje wszystkich, którzy byli przed Wami.

Przyszłość i Marzenia
Wiadomość do moich dzieci

JAKĄ NAJWAŻNIEJSZĄ LEKCJĘ O ŻYCIU CHCIAŁBYŚ PRZEKAZAĆ SWOIM
DZIECIOM, ABY POMOGŁA IM W PRZYSZŁOŚCI?

JAK WEDŁUG CIEBIE MOŻNA OSIĄGNĄĆ PRAWDZIWE SZCZĘŚCIE?
CO JEST JEGO NAJWAŻNIEJSZYM KLUCZEM?

JAKIE MARZENIA MASZ WOBEC PRZYSZŁOŚCI SWOICH DZIECI?
CO CHCIAŁBYŚ, ABY OSIĄGNĘŁY?

Przyszłość i Marzenia
Wiadomość do moich dzieci

JAKIE TRZY WARTOŚCI SĄ DLA CIEBIE NAJWAŻNIEJSZE?
DLACZEGO CHCIAŁBYŚ, ABY TWOJE DZIECI JE PIELĘGNOWAŁY?

JAK CHCIAŁBYŚ, ABY TWOJE DZIECI PAMIĘTAŁY CIĘ PO LATACH,
JAKO RODZICA I CZŁOWIEKA?

JAKIE RADY DAŁBYŚ SWOIM DZIECIOM NA TEMAT PLANOWANIA PRZYSZŁOŚCI
I REALIZACJI ICH MARZEŃ?

"Życie zaczyna się na końcu twojej strefy komfortu."
Neale Donald Walsch

Drogi Czytelniku,

Dotarliśmy do końca tej niezwykłej podróży przez moje życie. Mam nadzieję, że te strony pozwoliły Ci nie tylko lepiej mnie poznać, ale także znaleźć inspirację i mądrość, które pomogą Ci w Twojej własnej życiowej wędrówce.

Pisząc tę książkę uświadomiłem sobie, jak wiele doświadczeń, lekcji i emocji składa się na jedno życie. Każdy rozdział, każda historia to kawałek mozaiki, która tworzy obraz tego, kim jestem. Ale pamiętaj, że Twoje życie to Twoja własna, unikalna mozaika, którą będziesz tworzyć każdego dnia.

Chciałbym, abyś wyniósł z tej książki kilka najważniejszych przesłań:

- Życie jest pełne niespodzianek - zarówno tych dobrych, jak i trudnych. Przyjmuj je z otwartym umysłem i sercem
- Nigdy nie przestawaj marzyć i dążyć do realizacji swoich celów, niezależnie od wieku czy okoliczności.
- Rodzina i miłość są fundamentem szczęśliwego życia. Pielęgnuj te relacje każdego dnia.
- Ucz się na błędach - swoich i innych. Każde doświadczenie może być cenną lekcją.
- Bądź wierny swoim wartościom, ale pozostań otwarty na nowe perspektywy i idee.

"Życie zaczyna się na końcu twojej strefy komfortu."
Neale Donald Walsch

- Znajdź pasję w życiu - to ona nadaje mu radość i głębszy sens.
- Pamiętaj, że sukces ma wiele definicji. Znajdź tę, która jest prawdziwa dla Ciebie.

Moje dziecko, pamiętaj, że ta książka to nie tylko zapis przeszłości, ale także most do przyszłości. Mam nadzieję, że będziesz do niej wracać w różnych momentach swojego życia, znajdując w niej wsparcie, pocieszenie i inspirację.

Jestem dumny z osoby, którą jesteś i którą się stajesz. Wierzę głęboko, że masz przed sobą wspaniałą przyszłość. Pamiętaj, że niezależnie od tego co przyniesie Ci życie, moja miłość i wsparcie zawsze będą z Tobą.

Życzę Ci, abyś żył pełnią życia, z odwagą podążał za swoimi marzeniami i nigdy nie zapominał o wartościach, które stanowią fundament naszej rodziny. Niech Twoja własna historia będzie pełna miłości, sukcesów i spełnienia.

Z całego serca,

Twój kochający Tata

P.S. Pamiętaj, że najpiękniejsze rozdziały Twojego życia wciąż czekają na napisanie. Twórz je z pasją, miłością i odwagą.

"Każda historia, którą opowiadamy sobie o nas samych, tworzy nas."
Marty Rubin

Instrukcja

Wprowadzenie

Witaj w tej wyjątkowej podróży przez wspomnienia, doświadczenia i mądrość życiową. Ten dziennik to nie tylko zbiór kartek - to most łączący pokolenia, skarbnica rodzinnej historii i bezcenny dar dla Twoich bliskich. Jako ojciec, masz wyjątkową okazję, by podzielić się swoją historią, przekazać wartości i zostawić trwały ślad dla przyszłych pokoleń.

Dlaczego warto dzielić się historią

Dzielenie się swoją historią ma ogromne znaczenie zarówno dla Ciebie, jak i dla Twoich bliskich. Oto kilka powodów, dla których warto podjąć ten wysiłek:

- Budowanie więzi międzypokoleniowych.
- Przekazywanie rodzinnych tradycji i wartości.
- Lepsze zrozumienie siebie i swoich korzeni.
- Inspirowanie młodszych pokoleń.
- Zachowanie cennych wspomnień dla przyszłości.

Pamiętaj, że Twoja historia jest unikalna i wartościowa. Każde doświadczenie, każda lekcja i każde wspomnienie składają się na bogatą mozaikę Twojego życia, która może być źródłem inspiracji i mądrości dla Twoich dzieci i wnuków.

"Pisanie to sposób na mówienie do siebie i jednocześnie słuchanie siebie."
Ursula K. Le Guin

Jak korzystać z tego dziennika

Ten dziennik został zaprojektowany tak, aby ułatwić Ci proces zapisywania wspomnień i refleksji. Oto kilka wskazówek, jak najlepiej z niego korzystać:

- Zacznij od dowolnego rozdziału - nie musisz wypełniać go po kolei.
- Poświęć czas na refleksję przed zapisaniem odpowiedzi.
- Bądź szczery i autentyczny - Twoje prawdziwe doświadczenia są najcenniejsze.
- Nie martw się o perfekcyjny styl pisania - liczy się treść, nie forma.
- Dołączaj zdjęcia, wycinki czy inne pamiątki, jeśli chcesz.
- Wracaj do dziennika regularnie - możesz uzupełniać go stopniowo.

Pamiętaj, że ten dziennik jest dla Ciebie i Twoich bliskich. Nie ma tu złych odpowiedzi ani nieważnych wspomnień. Każde słowo, które zapiszesz, będzie cennym elementem Twojej historii.

Rozpocznij tę podróż z otwartym sercem i umysłem. Niech ten dziennik stanie się mostem łączącym przeszłość z przyszłością, przekazującym Twoją mądrość, doświadczenia i miłość kolejnym pokoleniom. Twoja historia jest wyjątkowa - czas ją opowiedzieć.

"Pamiętniki są jak niekończące się powieści;
są opowieścią o nas samych, która nigdy się nie kończy."
Mark Twain